신석기 시대에서 온 그림편지

처음부터 제대로 배우는 한국사 그림책 09

신석기 시대에서 온 그림 편지_반구대 암각화가 들려주는 신석기 시대 이야기

초판 1쇄 발행 2017년 9월 27일
초판 5쇄 발행 2024년 4월 16일

글 김일옥
그림 박재현

펴낸곳 도서출판 개암나무(주)
펴낸이 김보경
경영관리 총괄 김수현 **경영관리** 배정은 조영재
편집 조원선 김소희 **디자인** 이은주 **마케팅** 이기성
출판등록 2006년 6월 16일 제22-2944호

주소 서울특별시 용산구 한남대로40길 19, 4층(한남동, JD빌딩) (우)04417
전화 (02)6254-0601, 6207-0603 **팩스** (02)6254-0602 **E-mail** gaeam@gaeamnamu.co.kr
개암나무 블로그 http://blog.naver.com/gaeamnamu **개암나무 카페** http://cafe.naver.com/gaeam

ⓒ 김일옥, 박재현, 2017
이 책의 저작권은 저자에게 있습니다. 저자와 출판사의 허락 없이 내용의 일부를 인용하거나 발췌하는 것을 금합니다.

ISBN 978-89-6830-425-5
ISBN 978-89-6830-122-3(세트)

이 도서의 국립중앙도서관 출판시도서목록(CIP)은 서지정보유통지원시스템 홈페이지(http://scoji.nl.go.kr)와
국가자료공동목록시스템(http://www.nl.go.kr/kolisnet)에서 이용하실 수 있습니다.
(CIP제어번호: CIP2017023264)

품명 아동 도서 | **제조년월** 2024년 4월 16일 | **사용연령** 10세 이상
제조자명 개암나무(주) | **제조국명** 대한민국 | **전화번호** 02-6254-0601
주소 서울특별시 용산구 한남대로40길 19, 4층(한남동, JD빌딩)

반구대 암각화가 들려주는
신석기 시대 이야기

신석기 시대에서 온
그림편지

김일옥 글 박재현 그림

개암나무

신석기 시대의 비밀을 품은
울주 대곡리 반구대 암각화

  1971년, 동국대학교 학술 조사단은 마을 주민의 도움으로 울산 태화강의 지류 대곡천과 잇닿아 있는 신비한 암벽을 발견했어요. 너비 10m, 높이 4m 가량 되는 이 거대한 암벽에는 수많은 그림이 새겨져 있었지요. 사람들은 거북이 모양의 이 바위를 '반구대 암각화'라고 불렀어요. 반구대는 거북이처럼 생긴 바위란 뜻이에요.

  이 바위에는 호랑이, 멧돼지, 토끼 등의 짐승과 고래, 거북 같은 물고기, 다양한 기하학무늬와 배를 타고 고래잡이하는 사람들의 모습, 고래를 분배한 그림 등 당시의 생활상을 짐작할 수 있는 그림 200여 점이 새겨져 있어요.

그런데 당시 사람들은 왜 바위에 그림을 새겼을까요? 많은 학자들은 사물에 영혼이 깃들어 있다고 믿었던 신석기 시대 사람들이 사냥감의 영혼을 기리거나, 사냥이 잘되길 기원하기 위해 그랬을 거라고 짐작해요. 또 후손에게 사냥법을 전하기 위해 사냥하는 모습을 그림으로 남겼다고도 추측하지요.

현재 반구대 암각화는 대곡천 하류에 들어선 사연 댐 때문에 물에 잠기는 날이 많아요. 겨울이나 가뭄으로 댐의 물이 빠질 때에만 암각화의 모습이 드러나지요. 문화재청과 울산시는 반구대 암각화를 보존하기 위한 방법을 찾고 있답니다.

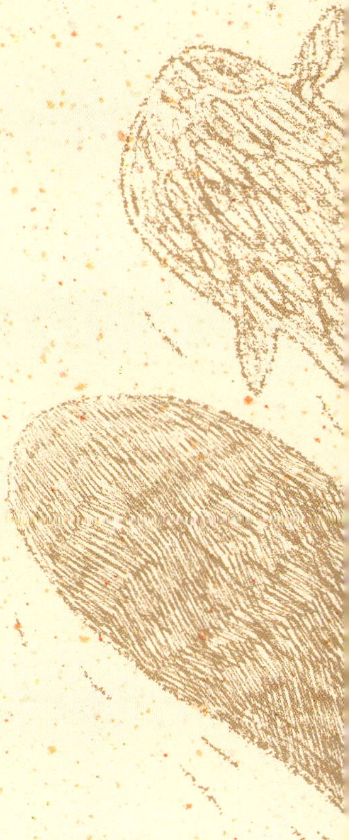

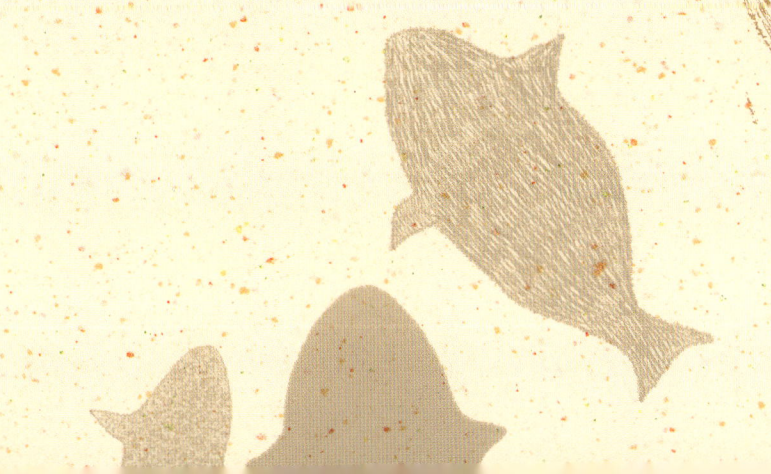

울산 태화강을 거슬러 올라가면
맑은 물이 흐르는 계곡과 아름다운 절벽이 자리한 대곡천이 나와.
나는 대곡천 절벽에 새겨진 아이, 길상이란다.
여름철, 저녁 무렵에 햇살이 잠시 머물다 가는 이 절벽은
아주 특별한 곳이야.
처마처럼 툭 튀어나온 바위에 가려 그늘져 있다가
이렇게 햇살을 받으니까 기분이 참 좋아.

"길상아, 우리도 소개해 줘."
아, 이런 내 친구들을 깜빡했네.
나는 거북이, 고래, 사슴, 멧돼지 같은
동물 친구들과 함께 있어.
"안녕!"
"푸, 이제야 살 것 같아."
"옆으로 조금만 비켜 봐. 나도 햇볕 좀 쬐자."
"앗, 미안, 미안."
"내 발가락에 물 찌꺼기가 끼었어. 어떡해?"
원래는 모두 조용한 친구들인데,
오랜만에 햇볕을 봐서 그런지 조금 소란스럽네.
대곡천 하류에 댐이 생기고 나서
우리는 자주 물에 잠겨.
그런데 이 바위 절벽에 왜 우리가 새겨져 있냐고?
이제부터 내가 그 이야기를 들려줄게!

나는 아주 오래전 이곳 강가 마을에 살았어.
우리 마을은 거북이가 넙죽 엎드린 모습을 닮아
거북이 마을이라고 불렸지.

마을에서 배를 타고 강을 따라가면 바다가 나와.
넘실대는 푸른 바다에는 고래가 살고 있단다.
나는 늘 기다란 피리를 가지고 다니며 불었어.
아름다운 피리 소리로 고래를 불러냈지.

"길상이가 부는 피리 소리는 언제 들어도 좋구나.
고래 울음소리와 똑같네."
밝은 눈 아줌마가 흙을 주무르며 말했어.
아줌마는 눈이 밝아서
고래가 아주 멀리에 있어도 볼 수 있대.
"아줌마, 정말 고래가 내 피리 소리를 듣고 올까요?"
아줌마는 나를 바라보며 웃었지.
"고래잡이 배에 오르는 건 올해가 처음이지?"
"네."
"너무 겁먹을 필요 없단다. 걱정하지 말렴.
흙을 다 치대었으니, 같이 그릇을 만들어 볼까?"

나는 피리를 허리춤에 꽂고 찰흙을 한 줌 떼어 냈어.
그러고는 아줌마가 가르쳐 주는 대로 찰흙을 길게 늘였지.
동글게 한 층을 만들고, 그 위에 좀 더 작게 한 층을 올리고.
동그랗게 만 찰흙을 점점 작게 쌓아 올리니 끝이 뾰족해졌어.
"잘했다. 이제 겉면을 문질러 매끄럽게 만들어 보렴.
그런 다음 무늬를 새기자꾸나."
아줌마는 반들반들해진 그릇의 표면에 빗금을 새겼어.
나도 아줌마가 하는 대로 따라했어.
아줌마는 그릇을 만들면서 고래잡이 이야기를 이어 갔어.
'어서 고래잡이 철이 왔으면……'
나는 기대되기도 했지만 한편으로는 겁이 났어.

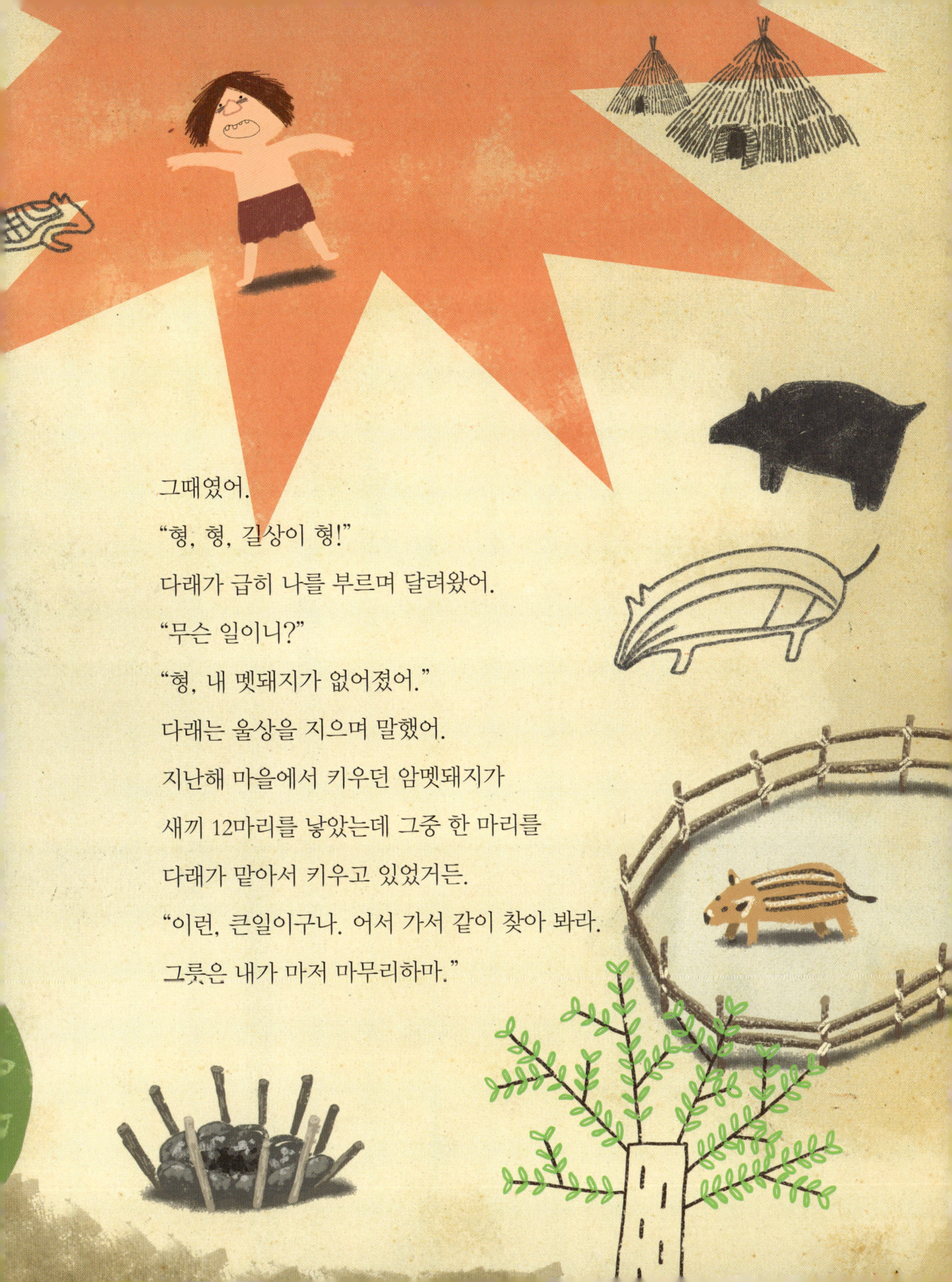

그때였어.

"형, 형, 길상이 형!"

다래가 급히 나를 부르며 달려왔어.

"무슨 일이니?"

"형, 내 멧돼지가 없어졌어."

다래는 울상을 지으며 말했어.

지난해 마을에서 키우던 암멧돼지가
새끼 12마리를 낳았는데 그중 한 마리를
다래가 맡아서 키우고 있었거든.

"이런, 큰일이구나. 어서 가서 같이 찾아 봐라.
그릇은 내가 마저 마무리하마."

다래와 나는 먼저 우리로 뛰어갔어.
우리의 문은 활짝 열려 있었지.
"문을 제대로 닫지 않은 거 아니야?"
"아냐! 아까 먹이 주고 나서 꼭 닫았어. 확인도 했는걸."
다래가 억울하다는 듯이 외쳤어.
하긴 다래는 꼼꼼해서 문을 열어 둘 리 없어.
그때 산에서 내려오던 옆집 누나를 만났어.
풀로 엮은 누나의 망태기에 도토리가 가득했지.
"다래 멧돼지, 마을 아저씨들이 거북산으로 끌고 갔어.
호랑이 미끼로 쓴대."
"나한테 말도 안 하고, 너무해!"
다래는 화를 내며 거북산으로 달려갔어.
나도 다래를 따라 거북산으로 향했어.

우리는 산에서 내려오는 마을 아저씨들을 만났어.
"다래야, 이번 사냥에는 네 멧돼지를 미끼로 쓸 거야. 들었지?"
우리 마을에서는 가축을 미끼로 덫을 놓아 짐승을 잡아.
그래서 집집마다 돌아가며 가축을 내놓지.
"저는 그런 소리 못 들었어요. 내 멧돼지 어디에 있어요?"
다래가 울먹이면서 물었어.
"그쪽으로 가면 안 돼. 호랑이가 나타나면 어쩌려고 그래?"
다래는 멧돼지에게 정이 많이 들었는지, 막무가내였어.
어른들의 이야기는 듣는 둥 마는 둥 하더니 다시 산을 향해 뛰어갔지.
"아저씨, 다래가 마지막으로 멧돼지를 보고 싶은가 봐요.
어디 있는지 알려 주시면 인사만 하고 올게요.
어차피 낮에는 호랑이가 잘 나타나지 않잖아요."
어른들은 잠시 생각하더니 멧돼지가 있는 곳을 가르쳐 주었어.
"구덩이에 빠지지 않도록 조심해라."
"네, 걱정 마세요."

멧돼지는 커다란 소나무 밑에 묶여 있었어.
다래는 자신을 보며 반갑다고 꿀꿀거리는
멧돼지를 꼭 끌어안았어.
해가 지고 있었어. 마을로 돌아가야 할 시간이었지.
"집에 가자, 조금 있으면 어두워질 거야.
밤에 산에 있으면 위험해."
하지만 다래는 꿈쩍도 하지 않았어.
나는 다래를 잡아끌었지. 다래의 눈에 눈물이 가득했어.
나도 마음이 아팠지만, 어쩔 수 없었어.

그때였어.

나뭇가지가 세차게 흔들리더니 다급한 발소리가 들려왔지.

멀리서 사람들의 함성도 들렸어.

커다란 뿔이 달린 사슴이 사냥꾼들에게 쫓기고 있었어.

덩치 큰 사슴을 맞닥뜨리자 우리는 너무 놀라 자리에 털썩 주저앉았어.

사슴도 우리를 보고 놀랐는지

급히 몸을 돌려 멧돼지가 있는 곳으로 뛰어갔어.

멧돼지가 놀라서 꿀꿀거리며 날뛰자

사슴도 갈팡질팡하더니 그만 구덩이에 쏙 빠져 버렸어.

그때 활과 화살을 든 낯선 사냥꾼들이 나타났어.
사냥꾼들은 우리를 힐끗 보며 지나쳤어.
그러고는 구덩이에 빠진 사슴과 멧돼지 쪽으로 향했지.
"우리 멧돼지예요."
다래가 멧돼지 앞을 막아서며 말했어.
"그렇구나, 하지만 이 사슴은 우리 거다."
사냥꾼이 말했어.
"우리가 파 놓은 구덩이에 빠졌잖아요. 우리 거예요."
내가 끼어들었지.
"꼬마야, 우리가 이 사슴을 잡으려고
새벽부터 얼마나 고생했는지 아니?"
사냥꾼들이 험상궂은 표정으로 말했어.

나는 무슨 일이라도 날까 다급해져
피리를 꺼내 힘차게 불었어.
그러자 우리 마을 아저씨들이 한달음에 달려왔지.
"이 구덩이는 호랑이나 표범을 잡으려고 판 거지,
사슴을 잡으려고 판 게 아니잖소!"
"구덩이에 뭐가 빠질지 어찌 알아요!"
마을 아저씨들과 사냥꾼들이 옥신각신했어.

결국 우리는 결론을 내리지 못한 채,
구덩이에서 사슴을 꺼내
다 함께 마을로 돌아가기로 했지.
하지만 다래의 멧돼지는 데려갈 수 없었어.
나는 울고 있는 다래를 달래면서
부서진 구덩이에 나뭇가지를 새로 얹고,
그 위에 풀을 흩뜨려서 구덩이를 감쪽같이 덮었어.

마을의 지혜로운 어머니는
사냥꾼들에게 어디서 왔는지 물었어.
사냥꾼들은 산을 두 개나 넘어왔다고 했지.
자신들은 봄에 씨를 뿌리고
가을에 거두어들이는 농사꾼들인데,
지금은 겨울을 나기 위해 사냥을 나왔대.
지혜로운 어머니는 사냥꾼들에게
사슴을 내주었어.

다음 날, 사냥꾼들이 다시 우리 마을을 찾아와서는
조와 피가 가득 든 커다란 토기를 건네주었어.
우리 마을에서는 고래기름을 선물했지.
고래기름으로 불을 피우면 그을음이 생기지 않아.
나는 조를 배불리 먹을 수 있다는 생각에 마냥 들떴어.

엄마가 갈판에 노르스름한 조를 올려놓고 갈돌로 살살 문질렀어.

그러자 노란 껍질이 벗겨졌어. 엄마는 조를 물에 담가 불렸어.

화덕 위에서는 맛있는 조개가 익어 가고 있었어.

"다래야, 너도 좀 먹어 봐. 정말 맛있어."

나는 풀 죽은 다래에게 말을 걸었어.

"그래, 이 조도 먹어 보렴. 꿀맛이구나.

내륙˙에 사는 사람들은 곡식을 직접 기른다는구나.

참 신기하지 않니?"

엄마도 달래 보았지만, 다래는 뚱하니 아무 말도 하지 않았어.

안타깝게도 그날 밤, 멧돼지가 호랑이에게 물려 죽었거든.

내륙 바다에서 멀리 떨어진 육지.

"다래야, 내일은 아빠랑 낚시하러 가자.
너한테 주려고 그물을 새로 만들었단다."
아빠가 내민 그물을 보고 나는 눈이 동그래졌어.
"우아! 멋지다. 아빠, 내 거는요?"
"우리 길상이 것은 여기 있지. 낚싯바늘이야."
"다래야, 이것 좀 봐. 진짜 날카롭다.
이 근방의 물고기를 몽땅 잡을 수 있겠어. 그치?"
다래는 여전히 고개를 푹 숙이고는 쳐다보지도 않았어.

마을의 지혜로운 어머니가 우리 움집에 찾아오셨어.
"다래는 아직도 기운을 못 차리고 있니?"
지혜로운 어머니가 다래의 머리를 쓰다듬어 주셨어.
손목에 찬 조개 팔찌들이 짤끄락거렸지.
다래는 지혜로운 어머니에게 기대 울먹였어.
"내일 성스러운 바위로 가서
멧돼지의 영혼을 하늘로 보내 주거라."
다래는 놀라 눈을 크게 떴어.
"마을 어른들 모두 너의 멧돼지를
성스러운 바위에 새기는 데 찬성했단다."
"고맙습니다, 고맙습니다."
다래는 지혜로운 어머니를 와락 끌어안으며 말했어.

다음 날, 나는 다래와 성스러운 바위 앞으로 갔어.
이 바위에 새겨진 동물들의 영혼은 고향으로 돌아와
가축들이 새끼를 많이 낳도록 도와준대.
넓고 평평한 바위에는 이미 많은 동물이 그려져 있었어.
다래는 조심스럽게 밑그림을 그리고
뾰족한 돌과 돌망치로 그림을 새기기 시작했어.
먼저 멧돼지를 그렸어. 이어 사슴을 잡으러 온 사냥꾼들도 그렸지.
나는 멧돼지와 사슴, 호랑이의 영혼을 기리며 피리를 불었어.
우리는 가장 높은 곳에 새겨진 세 마리의 거북이에게
기도했어. 멧돼지의 영혼이 원래 살던 곳으로
무사히 돌아오게 해 달라고 말이야.

다래와 나는 가만히 바위에 새겨진 그림을 보았어.
수많은 고래들이 헤엄치고 있었지.
"형, 올해도 고래가 오겠지?"
나는 피리를 꽉 움켜쥐었어.
"응, 내 피리 소리를 듣고 찾아올 거야."
자신 있게 말했지만 고래를 잘 불러낼 수 있을지 걱정이 되었어.
혹시 고래가 화를 내며 배를 부수지는 않을까 하는
근심도 들었지.

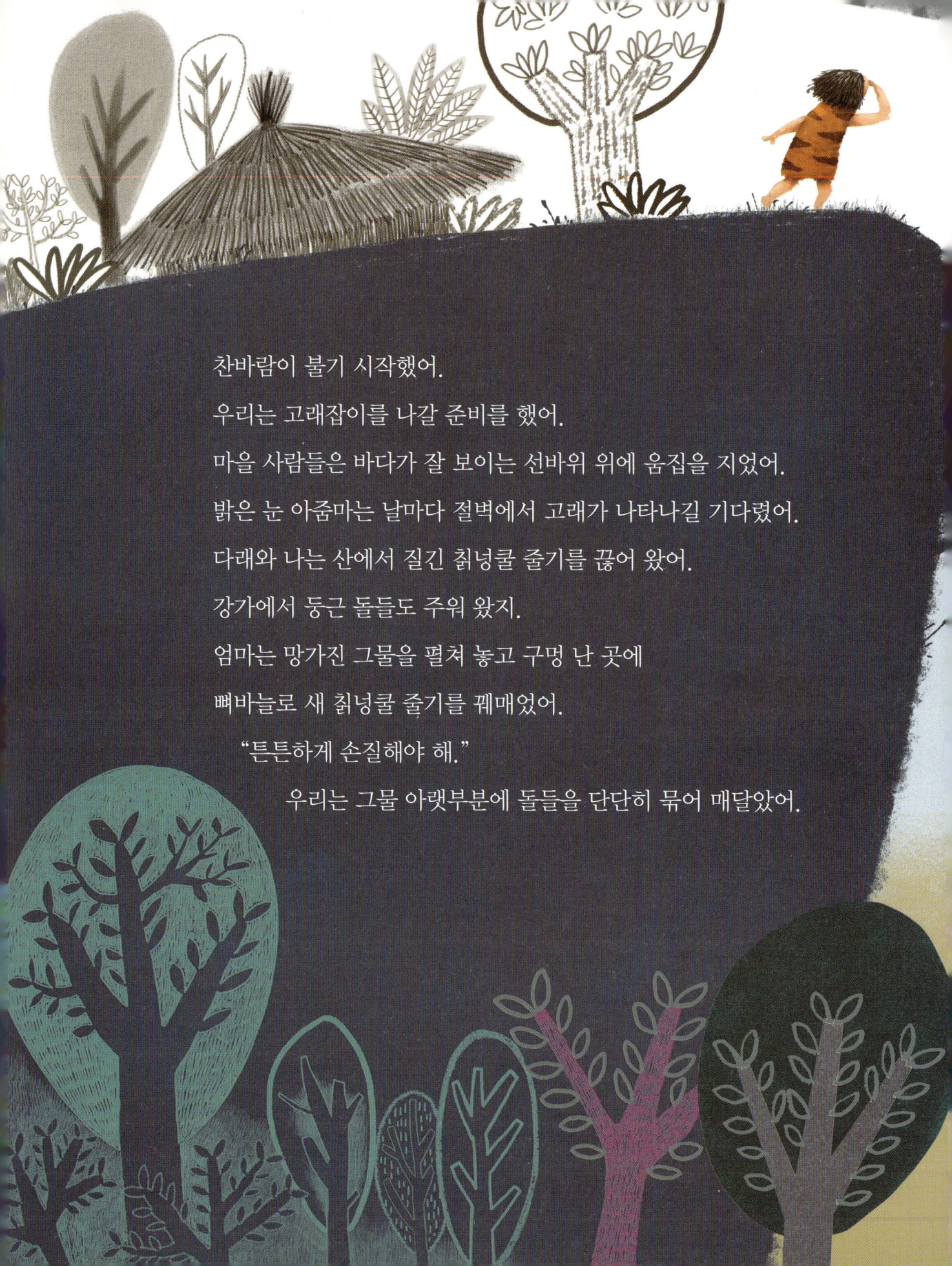

찬바람이 불기 시작했어.
우리는 고래잡이를 나갈 준비를 했어.
마을 사람들은 바다가 잘 보이는 선바위 위에 움집을 지었어.
밝은 눈 아줌마는 날마다 절벽에서 고래가 나타나길 기다렸어.
다래와 나는 산에서 질긴 칡넝쿨 줄기를 끊어 왔어.
강가에서 둥근 돌들도 주워 왔지.
엄마는 망가진 그물을 펼쳐 놓고 구멍 난 곳에
뼈바늘로 새 칡넝쿨 줄기를 꿰매었어.
  "튼튼하게 손질해야 해."
       우리는 그물 아랫부분에 돌들을 단단히 묶어 매달았어.

고래를 잡으려면 이것 말고도 준비할 게 많아.
마을 어른들은 먼저 큰 배를 만들었어.
뗏목같이 작은 배로는 고래잡이를 할 수 없거든.
많은 사람들이 탈 수 있도록 크고 튼튼하게 만들어야
고래가 배에 부딪쳐도 뒤집히지 않지.

우리는 사슴 뼈로 만든 촉을
긴 장대 끝에 단단히 묶어 작살을 만들었어.
바다에 나가 시험 삼아 작살을 던져 보고
부구가 물에 잘 뜨는지도 살펴보았지.
고래 사냥을 하는 날이 다가올수록 내 마음도 붕 떠올랐어.
'과연 내가 잘할 수 있을까?'

부구 헤엄칠 때 물에 뜨는 것을 돕는 기구. 신석기 시대에는 고래를 물 위로 띄우는 데 사용함.

"고래다! 고래가 돌아왔다!"
선바위에서 기다리던 외침이 들려왔어.
마을은 한층 더 바빠졌어.
사람들은 모두 성스러운 바위 앞에 모여 하늘에 제사를 지내고,
다시 고래를 보내 준 조상신들께 감사드렸지.
지혜로운 어머니는 춤을 추면서
모두가 다치지 않고 무사히 돌아오기를 빌고, 또 빌었단다.
나도 마음속으로 함께 기도했어.
'고래가 내 피리 소리를 좋아하게 해 주세요.
내 피리 소리를 듣고 가까이 다가오게 해 주세요.'

드디어 바다로 나갈 준비를 마쳤어.

큰 배에는 20명씩, 작은 배에는 10명씩 올라탔어.

나는 피리를 꽉 움켜쥐었어.

"형! 이거!"

다래가 하얀 조개 가면을 내 목에 걸어 주었어.

"엄마랑 내가 만들었어. 몸에 지니고 있으면, 아무 탈 없이 돌아올 거래."

"고마워."

나는 아빠와 함께 작은 배에 올라탔어.

아빠는 내 목에 걸린 조개 가면을 보고 씩 웃었어.

"멋지구나!"

배는 강을 따라 바다로 나아갔어.

엄마와 다래가 잘 다녀오라고 손을 흔들었어.

마을 사람들도 모두 나와 배가 보이지 않을 때까지 배웅했어.

바다에서 먹고 자며 생활한 지 3일째 되는 날,
뱃머리에 서서 바다를 살펴보던 아빠가 외쳤어.
"저기, 고래다."
순간 노 젓는 소리가 멈췄어.
곧 푸른 수평선 너머로 하얀 물기둥이 솟구쳤어.

드디어 내 차례야.

나는 목에 걸린 조개 가면을 보았어.

그리고 우리를 기다리고 있을 다래와 엄마,

마을 사람들을 떠올렸지.

나는 마음을 다잡고 피리를 꺼내 조용히 불기 시작했어.

'고래야, 제발 내 피리 소리를 들어다오.'

내 간절한 기도가 통했는지 고래가 우리 쪽으로 다가왔어.
멀리 떨어져 있던 다른 배들도 가까이로 모여들었어.

우리 배는 아주 천천히 노를 저어 육지 쪽으로 방향을 틀었어.
조금이라도 육지 쪽에 가까워야 고래를 잡기 쉬우니까.
나는 고래가 우리를 따라오도록 계속해서 피리를 불었단다.

"으악!"

고래가 내뿜는 물기둥이 머리 위로 쏟아져 내렸어.

그때였어. 힘센 팔 아저씨가 슬그머니 일어나

작살을 든 손을 한껏 뒤로 젖혔다가 고래를 향해 내던졌어.

'퍽!'

순간 바다에 붉은 피가 퍼졌어.

"명중이다!"

사람들이 환호성을 지르며 사방에서 작살을 던졌어.

그때 갑자기 배들이 요동치기 시작했어.

고래가 물속으로 도망가며 일으킨 커다란 물결이 우리 배를 덮쳤지.

고래는 얼마 못 가 다시금 수면 위로 떠올랐어.

물에 둥둥 뜨는 부구 덕분이었지.

우리는 갖고 있던 작살을 모두 던졌어.

모두들 신이 나서 마을을 향해 노를 저었어.

우리는 고래 사냥이 성공했음을 알리는 노래를 부르며

마을로 들어섰어.

마을 사람들도 덩실덩실 춤을 추며 기뻐했어.

우리가 잡은 고래는 어마어마하게 컸어.

맨 먼저 날개 지느러미를 떼어 내 성스러운 바위로 가져갔어.

그리고 무사히 돌아올 수 있게 해 준

하늘과 조상들께 감사 인사를 드렸지.

또 고래의 영혼이 다시금 바다로 돌아갈 수 있도록

성스러운 바위에 고래를 새겼어.

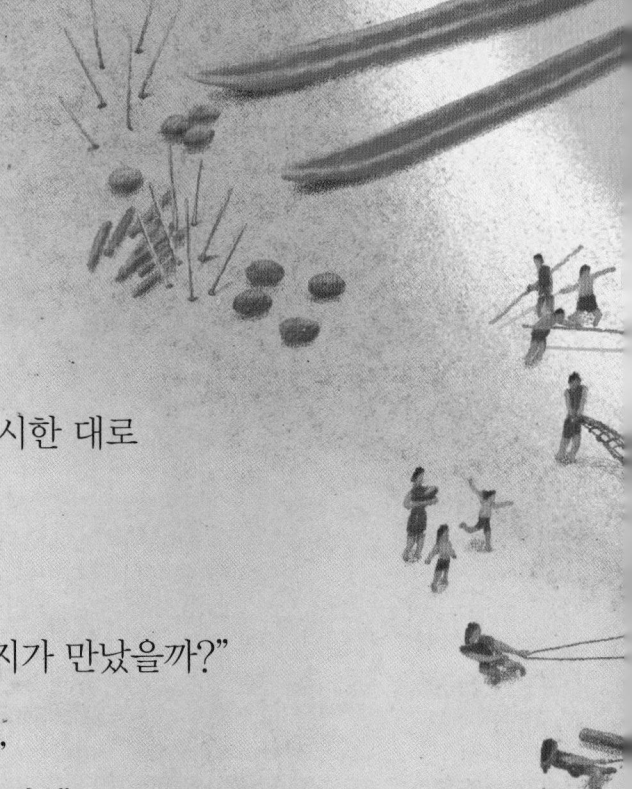

그 뒤 마을 사람들은 성스러운 바위에 표시한 대로
고래를 공평하게 나누어 가졌어.
그리고 마을 잔치를 열었지.
"형, 영혼의 세계에서 이 고래랑 내 멧돼지가 만났을까?"
"글쎄, 거북이가 멧돼지의 영혼은 뭍으로,
고래의 영혼은 바다로 돌려보내지 않았을까?"
"그래도 같은 하늘 아래에 있는 건 맞지?"
"응."
"형, 내년에는 나도 고래잡이 배에 오를 수 있을까?"
"물론이지."
나는 다래를 보고 빙긋 웃었어.
그 뒤로 해마다 우리는 함께 고래를 잡으러 바다로 나갔어.
고래 덕분에 겨울을 따뜻하게 보낼 수 있었지.

세월이 흘러서 어느덧 나도 죽음을 맞았어.

마을 사람들은 나를 피리 부는 사람으로

성스러운 바위에 새겨 주었어.

나는 사람들에게 이곳에서 영원히 피리를 불어

고래를 부르겠다고 약속했지.

그런데 요즘은 도통 고래가 우리 바다로 오지를 않네.

시간이 지나면서 많은 것이 변했으니까.

이런, 해가 점점 길어지는 여름이야.
우리는 비가 많이 오는 여름이면 물속에 잠겨.
그때마다 아주 조금씩 희미해져 간단다.
단단한 바위라면 영원할 줄 알았는데
이렇게 물속에 잠길 줄은 상상도 못했어.
언젠가 우리 모습도 잘 보이지 않게 되겠지?

잊힌다는 건 참 무서운 일이야.
부디 기억 속에서라도 영원했으면…….
우리가 영영 물속에 잠기더라도,
푸른 바다 위로 높은 물기둥을 뿜으며 뛰어오르던 고래와
그 고래를 부르던 피리 부는 아이,
나 길상이를 기억해 주겠니?

반구대 암각화가 들려주는
신석기 시대 이야기

우리나라에는 약 70만 년 전부터 사람이 살았어요. 그리고 기원전 8000년경, 신석기 시대가 시작되었어요. 이때부터 사람들의 생활 모습은 크게 변했어요. 집을 지어 마을을 이루고, 돌을 갈아 생활에 필요한 여러 도구들을 만들었지요. 신석기 시대 사람들이 어떻게 생활했는지 좀 더 자세히 살펴볼까요?

신석기 시대 사람들은 어떻게 생활했나요?

신석기 시대에 접어들면서 사람들의 생활은 크게 달라졌어요. 빙하가 녹으면서 물이 늘어나자 물고기들이 몰려들었고, 산과 들에는 열매가 주렁주렁 열렸어요. 사람들은 더 이상 먹을거리를 찾아 떠돌아다니지 않았어요. 그 대신 먹을거리를 구하기 쉬운 바닷가나 큰 강가 주변에 집을 짓고 정착했지요.

구석기 시대에는 돌멩이를 깨뜨려서 도구로 썼지만 신석기 시대에는 각각의 쓰임새에 맞게 돌을 갈아서 더욱 정교한 도구를 만들었어요. 신석기 시대 사람들은 가축도 키웠어요. 개를 길들여 사냥에 활용하고, 산 채로 잡아 온 돼지를 길러 새끼를 얻었지요.

또 황무지에 불을 질러 밭을 만들고, 돌보습이나 뿔괭이로 땅을 갈아서 농사를 지었어요. 밭을 만들면서 타고 남은 풀이나 나무 등의 재는 거름으로 사용했어요. 당시 사람들은 주로 조, 피와 같은 농작물을 키웠어요. 우리의 주식인 쌀은 그보다 한참 뒤인 기원전 4000년경부터 재배하기 시작했답니다.

바닷가에 자리 잡은 사람들은 물고기를 잡아먹었어요. 작살, 그물 같은 낚시 도구는 물론, 배도 직접 만들었어요. 큰 배에는 20명씩, 작은 배에는 10명씩 올라타고 바다로 나가 고래를 잡기도 했지요. 당시 사람들은 조개도 즐겨 먹었어요. 사람들이 먹고 버린 조개껍데기가 무덤처럼 쌓여 유적으로 남아 있어요. 이것을 '조개무지(패총)'라고 해요.

농사를 짓기 시작하면서 음식을 보관할 만한 그릇이 필요했어요. 그래서 불과 물에 잘 견디는 빗살무늬 토기를 만들었어요.

이처럼 신석기 시대 사람들은 끊임없이 새로운 도구를 만들고, 발전시키면서 더 나은 생활 환경을 만들었어요. 이때부터 인류의 문명이 크게 발전했답니다.

신석기 시대 사람들은 어떤 집에서 살았나요?

신석기 시대 사람들은 '움집'을 짓고 살았어요. 움집은 30cm~1m 정도로 땅을 파고, 바닥을 불로 지져 땅을 단단하게 만든 다음, 그 위에 기둥을 세워 만들었어요. 지붕은 갈대 등을 엮어서 얹었지요. 움집은 땅속에 자리하여 추위와 더위를 막아 주었어요. 움집 한가운데에는 요리를 할 수 있도록 화덕을 놓았어요. 그 덕분에 집 안이 따뜻했지요. 움집 안쪽에는 식량이 담긴 토기를 두었고, 문 앞쪽에는 농사나 사냥할 때 사용하는 돌칼, 돌도끼, 화살촉 등을 두었어요.

우리나라 곳곳에는 신석기 시대 사람들의 생활 모습이 남아 있답니다.

신석기 시대 사람들이 살던 움집 내부를 복원한 모습이에요.

신석기 시대 사람들의 생활 모습을 살펴볼 수 있는 선사 유적지

서울 암사동 유적
서울특별시 강동구 올림픽로 875(암사동)

신석기 시대에 한강 주변에 살던 사람들의 흔적이 남아 있어요. 움집을 복원한 마을이 있고, 신석기 시대 사람들의 생활상을 체험해 볼 수 있어요.

부산 동삼동 패총 전시관
부산광역시 영도구 태종로 729(동삼동)

조개무지에서 발굴한 유물을 전시하고 있어요. '패총(貝塚)'은 조개 패(貝) 자와 무덤 총(塚) 자로, 조개무지의 또 다른 이름이에요. 조개뿐 아니라 당시 사람들이 먹고 버린 동물 뼈, 부서진 토기, 집터, 조개 팔찌 등의 유물도 함께 볼 수 있어요.

오산리 선사 유적 박물관
강원도 양양군 손양면 학포길 33(오산리 51번지)

1977년 호수를 농경지로 바꾸는 과정에서 발견한 유적지예요. 신석기 시대 사람들이 고기잡이를 한 흔적이 남아 있지요. 한반도에서 가장 오래된 신석기 유적지랍니다.

서울 암사동 선사 유적에서 복원한 신석기 시대의 움집이에요.

신석기 시대 사람들의 신앙생활은 어땠나요?

　신석기 시대 사람들은 해, 달, 강 등 자연을 숭배했어요. 자연 현상이 풍년과 흉년을 결정한다고 믿어 자연을 우러러보았지요.

　또한 멧돼지, 고래 등 동물에도 저마다 영혼이 있다고 생각했어요. 이 영혼이 자신들의 삶에 영향을 준다고 믿어 사냥을 나가기 전 암벽에 동물을 새기고 기도했지요.

　신석기 시대 사람들의 신앙은 예술 활동으로 이어졌어요. 동물의 뼈, 흙, 돌 등을 이용하여 여러 작품을 만들었어요. 흙을 빚어 사람이나 동물의 형상을 만든 토우, 조개껍데기에 구멍을 뚫어 사람의 모습으로 만든 조가비 탈 등은 신석기 시대 사람들이 생존과 풍요를 기원하며 만든 작품이에요.

　반구대 암각화에 다양한 동물과 사냥하는 모습을 새긴 것도 풍요로운 삶을 바라는 마음에서 비롯된 것이랍니다.

사람의 얼굴 모양을 본뜬 조가비 탈이에요. 사냥이나 채집을 나갈 때 지니고 다녔어요.

울주 대곡리 반구대 암각화를 자세히 살펴봐요!

암각화에는 여러 동물은 물론 사람들이 사냥하는 모습, 고래잡이하는 모습 등 당시의 생활을 짐작해 볼 수 있는 그림들이 새겨져 있어요.

고래 그림
① 새끼를 업은 귀신고래
② 배에 끌려가는 고래
③ 작살에 찔린 고래
④ 밍크 고래
⑤ 북방긴수염고래
⑥ 흰긴수염고래

사람 그림
⑦ 양팔을 벌린 사람
⑧ 피리 부는 사람
⑨ 활을 쏘는 사람

동물 그림
⑩ 거북이
⑪ 호랑이
⑫ 돼지
⑬ 표범
⑭ 숫사슴
⑮ 소

사냥 그림
⑯ 고래를 잡은 사람
⑰ 그물에 걸린 동물
⑱ 배를 탄 사람들
⑲ 고래를 분배한 모습

신석기 시대 사람들이 사용한 도구를 살펴봐요!

구석기 시대와 생활 환경이 달라지자, 신석기 시대 사람들은 도구를 크게 발전시켰어요. 신석기 시대 사람들이 사용한 도구를 자세히 살펴봐요.

돌화살촉과 돌작살
돌을 뾰족하게 갈아 돌화살촉을 만들고 나무 막대기를 이어 돌작살을 만들었어요. 짐승을 사냥하거나 물고기를 잡을 때 썼어요.

돌보습
돌을 갈아 만든 도구로, 땅을 파거나 식물을 캘 때 사용했어요. 농경 사회가 시작되었다는 것을 알려 주는 도구예요.

갈판과 갈돌
오늘날의 맷돌이나 절구처럼 씨앗의 껍질을 벗기거나 음식을 곱게 가는 도구예요. 도토리, 조, 피와 같은 곡식을 평평한 갈판 위에 올려놓고 갈돌로 간 뒤 익혀 먹었어요.

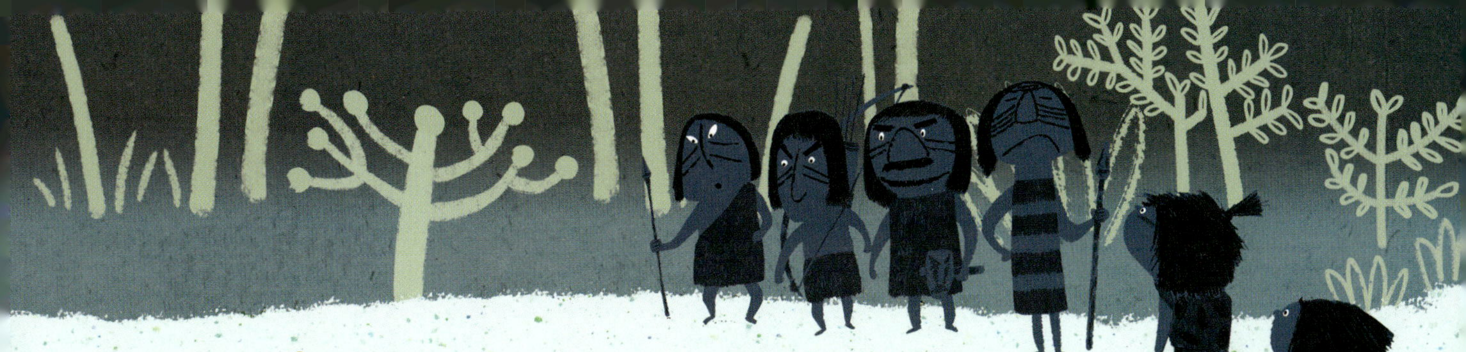

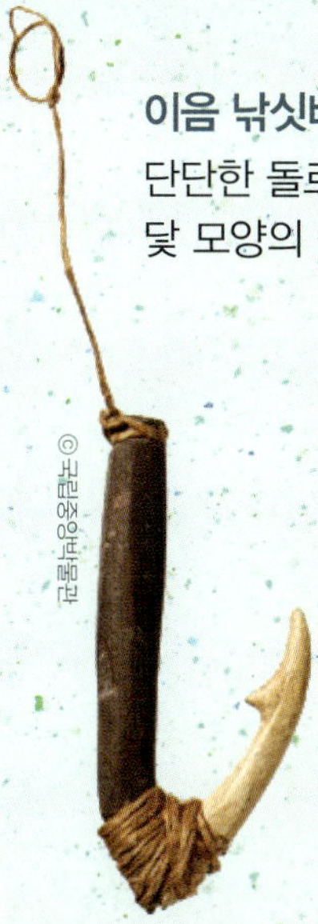

© 국립중앙박물관

이음 낚싯바늘

단단한 돌로 만든 대롱에 짐승의 이빨이나 뼈로 만든 닻 모양의 갈고리를 달았어요.

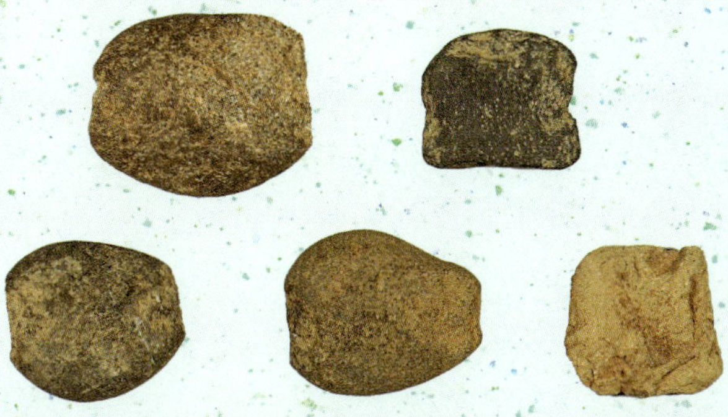

© 국립중앙박물관

그물추

그물 끝자락이 강이나 바다의 바닥에 가라앉도록 그물 아래에 매다는 돌이에요. 이 도구를 이용해 물고기를 한 번에 많이 잡았어요.

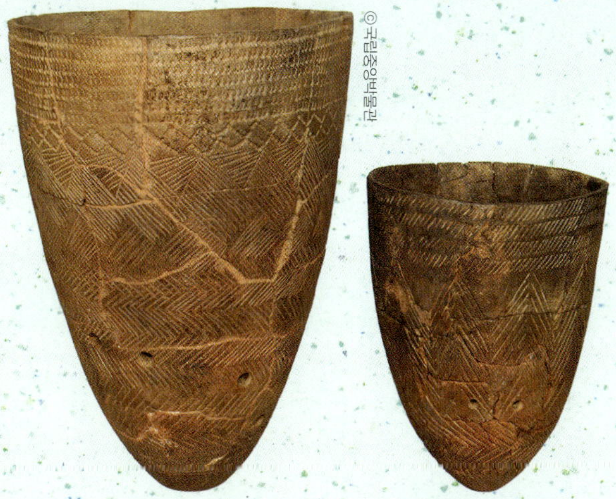

© 국립중앙박물관

빗살무늬 토기

겉면에 빗살무늬를 새긴 토기예요. 무늬, 모양 등은 지역에 따라 조금씩 달라요. 신석기 시대 사람들은 주로 바닷가나 강가에서 살았기 때문에 모래땅에 꽂을 수 있도록 토기의 끝을 뾰족하게 만들었어요.

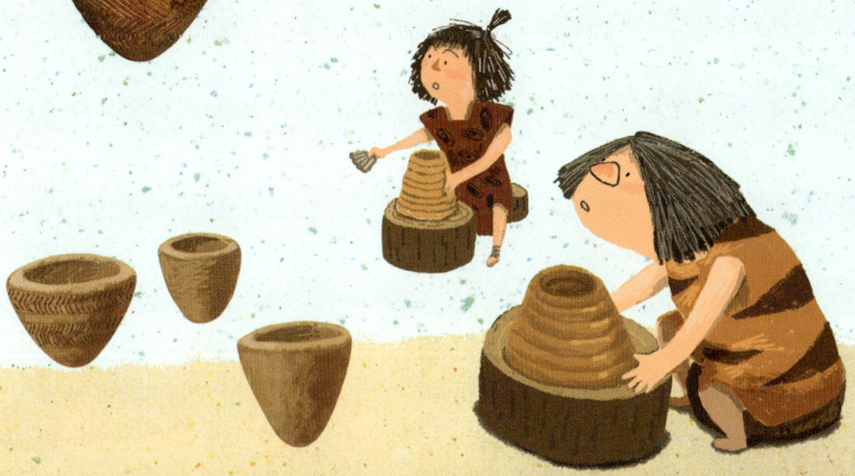

반구대 암각화를 보며 신석기 시대를 상상해 봐요!

저는 바닷가에서 태어나고 자랐어요. 바다는 가장 가깝고 즐거운 놀이터였지만, 거대한 파도가 몰아칠 때면 왠지 무섭기도 했지요. 피리 부는 아이 길상이도 저처럼 바다 근처에 살았어요. 길상이와 마을 사람들은 바다에 나가 고래잡이를 했어요. 그런데 오늘날처럼 큰 배나 변변한 도구도 없이, 오로지 나무로 만든 배와 작살로 거대한 고래를 사냥하던 길상이의 마음은 어땠을까요? 무척 두렵지 않았을까요?

제 우려와 달리 길상이를 비롯한 신석기 시대 사람들은 누구보다 용맹하고 똑똑했어요. 자신보다 몸집이 두 배는 더 큰 고래를 잡기 위해 지혜를 모으고, 호랑이나 멧돼지같이 힘 센 동물들도 사냥했지요. 반구대 암각화에 새겨진 여러 그림들은 이 사실을 증명하고 있어요. 반구대 암각화는 신석기 시대 사람들의 삶과 생활 방식, 신앙이 고스란히 담겨 있는 신석기 시대의 역사와 다름없답니다.

구석기 시대에는 돌을 깨서 도구를 만들고, 동굴에서 생활했어요. 먹거리를 구하기 위해 여기저기 떠돌아다녔지요. 하지만 신석기 시대 사람들

　은 돌을 갈아서 도구를 더욱 정교하게 만들었어요. 농사를 짓기 시작했고, 집을 지어 정착해 살았지요. 신석기 시대 사람들은 달라진 기후와 환경에 적응하기 위해 끊임없이 노력했어요. 구석기 시대 사람들이 최초로 도구를 만든 발명가라면, 신석기 시대 사람들은 그것을 더욱 크게 발전시킨 개혁가들인 셈이지요.

　이 책의 주인공 길상이는 반구대 암각화에 새겨진 피리 부는 사람을 바탕으로 제가 만들어 낸 인물이에요. 여러분 또래의 어린이로 정하고 이름까지 길상이라고 지으니 신기하게도 머릿속에서 길상이가 살아 움직이기 시작했어요. 어리지만 당차고 용감한 길상이는 자신이 살던 신석기 시대의 이야기를 제게 차분차분 들려주었답니다.

　여러분도 반구대 암각화에 새겨진 수많은 그림을 보면서 상상의 날개를 펴 보세요. 늠름하고 용맹한 또 다른 길상이가 여러분에게 특별한 이야기를 들려줄지도 모르니까요!

김일옥